VOYAGE

DE S. M. LOUIS XVIII;

DEPUIS SON DÉPART DE LONDRES,

JUSQU'A SON ARRIVÉE A PARIS;

AUQUEL ON A JOINT

Les Noms et l'âge des Princes et Princesse qui composent
l'illustre Famille des BOURBONS.

A LILLE,

CHEZ Mad. Veuve DUMORTIER, IMPRIMEUR-LIBRAIRE,
rue des Manneliers.

1814.

Le rétablissement de la Maison de Bourbon sur le trône, est le plus grand bienfait que la Providence pût exercer sur la France et sur l'Europe. C'étoit même le seul moyen de salut qu'elles eussent l'une et l'autre dans la crise où elles se trouvoient placées. La restauration de cette Famille auguste dont les Princes ont régné sur nous pendant tant de siècles et avec tant de gloire, nous réconcilie avec les autres Nations et avec nous-mêmes : en ramenant en France les Ministres d'une politique sage et éclairée, la Maison de Bourbon fera cesser l'épouvante que nos doctrines avoient jetées chez les autres peuples, et replacera au milieu de nous tous les principes d'union, d'estime, de prospérité et de véritable gloire.

Le bienfait de la paix étoit inconnu en Europe depuis vingt-cinq ans, parce que depuis la Révolution, l'esprit de la Nation française avoit été porté vers un systême d'envahissement, de conquête et de domination universelle. Toute idée d'équilibre en Europe et d'égalité des droits des peuples au développement de leur industrie nationale, fruit précieux de la civilisation, étoit oublié, et les véritables principes du droit des gens étoient méconnus. Le besoin de violer un principe avoit amené la nécessité de les violer tous; et dans le dernier temps, des personnes ont osé soutenir que l'état le plus fortuné où l'Europe pût atteindre, seroit celui où la paix générale résulteroit de la domination d'une seule puissance, et le repos des peuples, de leur soumission à la volonté du dévastateur de l'Europe!

Cette politique n'a jamais été celle de la France dont elle viole essentiellement les mœurs et les intérêts, et à qui elle est étrangère comme l'homme dont nous venons de secouer le joug honteux. Avec la Famille révérée des Bourbons, rentreront en France et dans ses transactions politiques, les principes modérés, équitables, éclairés, qui furent long-temps le flambeau de la civilisation européenne, et qui avoient fait du peuple français un ami fidèle des grandes puissances, un protecteur désintéressé des puissances du second ordre, et un ennemi généreux de toutes celles avec lesquelles il s'est trouvé en guerre.

En un mot, la France en reprenant son gouvernement légitime, s'est remise en harmonie avec toutes les puissances : elle rentre dans la Famille européenne, et elle se place après vingt ans de guerre, parmi les autres Nations avec des sentimens de réconciliation qu'elle doit à la Maison de Bourbon.

VOYAGE

DE S. M. LOUIS XVIII.

————

S. M.-LOUIS XVIII part de Londres pour se rendre
en France.

Ce fut le 23 Avril 1814, que LOUIS-STANISLAS-XAVIER, XVIIIme du nom, 69.me Roi de France et de Navarre, frère de Louis XVI, né le 17 Novembre 1755, instruit de tout ce qui s'étoit passé en France, et résolu de souscrire aux vœux des Français, quitta la capitale de l'Angleterre pour se rendre à Paris. Dès le même jour, à sept heures du matin, le Prince Régent partit de Carlston-House, dans une voiture de voyage, et se dirigea sur la route de Douvres, où il devoit attendre le Roi de France. Une heure après le départ du Prince Régent, Sa Majesté Louis XVIII, escorté par un régiment de cavalerie, partit de l'hôtel de Grillon, et prit également la route de Douvres, par le pont de Westminster. S. M. a été accompagnée une partie du chemin par le Duc de Sussex. L'heure du départ de S. M. le Roi de France et de S. A. R. le Prince Régent, avoit été tenue secrète, afin que la foule ne se portât pas sur la route. A Kent, S. M. fut reçue et complimentée par le Marquis de Camden, comme Lord-Lieutenant de la contrée. Toute la garnison qui se trouvoit à Cantorbéry, fit partie du cortège jusqu'à Douvres, et au moment de l'embarcation, l'artillerie salua S. M. par des décharges réitérées. Cette embarcation eut lieu immédiatement après l'arrivée du Roi de France, à bord du yacht *le Royal Souverain*, où un dîné étoit préparé pour les illustres voyageurs.

Arrivée de S. M. *LOUIS XVIII* à *Calais*.

S. M. Louis XVIII, partie de Douvres, arriva à Calais, le 24, à une heure de l'après-midi. Le vaisseau anglais qu'elle montoit, portoit pavillon d'Amiral de France. Six vaisseaux de ligne et plusieurs frégates escortoient S. M. Le Prince Régent d'Angleterre s'avança jusqu'à mi-canal, et un grand nombre de cutters et de sloops suivoient la flotte. S. A. Madame la Duchesse d'Angoulême. LL. AA. le Prince de Condé et le Duc de Bourbon. M. le Duc de Duras et M. l'Archevêque de Reims accompagnoient le Roi, à qui une garde d'honneur, formée à la hâte, servoit d'escorte.

Long-temps avant que le vaisseau, chargé de l'auguste dépôt qui lui étoit confié sortit du port de Douvres, toute la ville de Calais étoit attentive au signal qui devoit annoncer le départ de S. M. Le rivage de la mer, les remparts, tous les points élevés étoient déjà couverts d'une foule d'habitans auxquels s'étoient joints ceux des villes et des campagnes voisines. Enfin le canon se fait entendre, il étoit une heure : à l'instant, et comme s'il eut été possible que les sept lieues qui séparent Douvres de Calais, fussent traversées aussi promptement que la Seine, toute la population se précipita vers le port, tant elle craignoit d'y arriver trop tard. Bientôt après, on découvrit à l'horison huit vaisseaux de ligne et un grand nombre d'autres bâtimens. Toutes les voiles étoient déployées ; et cette escadre, qu'un vent favorable secondoit, s'avançoit avec rapidité. C'est alors que les diverses autorités gagnèrent la grande jetée de pierre, lieu désigné pour le débarquement.

Le cortège se trouvoit embelli par quarante demoiselles, vêtues uniformément et chargées d'offrir à S. A. R. Madame la Duchesse d'Angoulême, les hommages et les vœux de toutes les dames de Calais. Une musique nombreuse ouvroit la marche et faisoit entendre sur-tout l'Air chéri des français : *Vive Henri IV.* Les fonctionnaires publics arrivèrent ainsi sur la jetée où s'étoient également rendus plusieurs officiers-généraux, ainsi que l'état-major de la place.

Cependant les vaisseaux approchoient de la rade, où ceux d'entre eux qui composoient l'escorte, s'arrêtent en faisant une salve de toute leur batterie. Un bâtiment léger est en avant, un autre plus considérable et magnifiquement orné, le suit de près..... il porte les destinées de la France; et bien que nul danger ne le menace, une agitation involontaire se manifeste parmi tous les spectateurs; enfin il double la jetée, il entre dans le port, et deux heures seulement s'étoient écoulées depuis son départ..... Que les témoins de cette arrivée redisent l'émotion dont on fut saisi en voyant cet heureux vaisseau, toutes les voiles déployées, s'avancer avec une vîtesse presque inquiétante; mais que l'art seul maîtrisoit à temps. Il s'arrête comme retenu tout-à-coup par une force invincible, et tout-à-coup on s'écrie de toutes parts *le voilà! c'est lui! le voilà le Roi! vive le Roi! vive Madame! vivent à jamais les Bourbons!* Le canon de tous les forts, le son des instrumens répondent à ces cris poussés jusqu'aux cieux....... Le Roi, par un mouvement qui ne pouvoit appartenir qu'à lui, s'étoit fait reconnoître au milieu de la Famille Royale et de ses serviteurs fidèles : seul, il avoit ôté son chapeau, et levant les yeux vers le ciel, en portant la main droite sur son cœur, il remercioit ardemmment celui qui règle les destinées des peuples et des Rois. Chaque témoin de cette action de grace, partage le sentiment religieux et sublime qui pénètre tous les cœurs. Le Roi porte ensuite ses regards sur son peuple et lui tend les bras avec une expression que rien ne peut rendre; les cris, les gestes, répondent à ce signe de tendresse d'un père qui retrouve ses enfans, après de longues souffrances. Tous les yeux répandent des larmes; des sanglots se font entendre; l'attendrissement est à son comble; on se trouble, on se mêle, on oublie des dispositions indispensables, et le désordre même ajoute encore à ce qu'une pareille scène avoit de touchant.

A ses traits pleins de graces, on ne tarda pas à reconnoître Madame la Duchesse d'Angoulême; on reconnoit et le Prince de Condé et le Duc de Bourbon : Ah! combien ces beaux noms si chers aux français, furent répétés de fois pendant le moment d'ivresse. La reconnoissance néanmoins ne perdit rien de ses droits : on avoit espéré que S. A. R. le Duc de Clarence, auroit accompagné le Roi jusqu'à Calais; on le demande, on veut le remercier, et remercier en lui ce gouvernement, ce peuple hospitalier qui, durant nos orages politiques a recueilli dans son sein la tige sacrée des Bourbons, pour la conserver précieusement, et la rendre à la France lors qu'elle seroit redevenue digne de la posséder. Mais cet espoir a été déçu : la flotte parvenue à la rade, le Prince avoit fait ses adieux à l'auguste Famille.

M. le Préfet, accompagné de M. le Sous-Préfèt, et M. le
Maire, accompagné du Corps municipal, montent sur le
vaisseau : l'un et l'autre adressent au Roi des discours auxquels le Roi répond avec une expression dont toutes les
ames sont émues : son sourire, ses traits si nobles et si doux,
où la majesté royale étoit tempérée par un caractère de si
grande bonté, ajoutoient un nouveau prix aux paroles gracieuses qui sortoient de sa bouche.

Madame la Duchesse d'Angoulême reçoit ensuite avec
une grace infinie, l'hommage des dames de Calais, elle accepte et place sur son cœur des lys qui lui avoient été présentés. C'est au milieu de cette scène touchante que le Roi
quitte le vaisseau. Enfin, il met le pied sur le sol de la
France, et de nouveau, les airs retentissent des cris de *vive
le Roi!* Madame la Duchesse d'Angoulême, M. le Prince
de Condé, M. le Duc de Bourbon suivent le Roi, et se placent à ses côtés, dans une calèche découverte. Seize Calésiens
élégamment habillés, se présentent et traînent la voiture.
Non loin de-là se trouvoit un nombreux clergé : le Curé,
respectable ecclésiastique, étoit à la tête, et les yeux pleins
d'larmes, en revoyant son Souverain, il prononça le discours
le plus pathétique. La réponse du Roi restera gravée dans
les cœurs de tous ceux qui l'ont entendu. « *M. le Curé*, dit
» le Monarque, *après plus de vingt ans d'absence, le Ciel
» me rend mes enfans, le Ciel me rend à mes enfans;
» allons remercier Dieu dans son Temple.* »

Le cortège s'avance entre deux haies, tant de gardes
nationales que de troupes de ligne, il remonte les quais,
tous les vaisseaux étoient pavoisés.

La ville offroit un autre aspect : les rues avoient été sa-
blées et par-tout jonchées de feuillage; mille drapeaux
blancs, la plupart enrichis de fleurs de lys, étoient suspendus aux maisons revêtues de tentures; les croisées étoient
occupées par des femmes, toutes en blanc, qui agitoient
leur mouchoir, et laissoient tomber des fleurs. Le coup-
d'œil, la musique, les chants constamment mêlés de *vive
le Roi!* faisoient de cette entrée, non une marche triom-
phale, mais une de ces fêtes de famille où l'expression
d'un bonheur sans mélange se peint sur toutes les figures.

Arrivé à l'église, le Roi conduit sous le dais, se place au
centre du chœur. Le temple, malgré son étendue, ne suffit
pas à la foule, et la sainteté du lieu peut à peine retenir les

transports. Mais le recueillement du Monarque, de Madame la Duchesse et des Princes, inspire bientôt le silence le plus religieux. Aussi le cantique d'actions de graces que jamais l'on ne chanta dans une occasion plus solennelle, ne fut-il jamais entendu avec plus de piété, et chacun demeuroit surpris de l'ascendant, de l'exemple donné par le Souverain. A la sortie de l'église, les élans de la joie qui avoient été suspendus, n'en furent que plus marqués, et ne cessèrent point d'éclater jusqu'au palais préparé pour Sa Majesté.

Le Roi, à peine entré chez lui, reparut et reçut les autorités civiles et militaires. Il n'en est pas une d'elles qui n'ait obtenu des témoignages de son affabilité : toujours ses réponses portoient l'empreinte de la bonté la plus parfaite.

La ville de Calais a reçu du Roi des marques bien flatteuses de son estime, comme de sa bienveillance. Dans sa réponse au Maire, il dit : « Que les habitans de Calais, depuis Philippe de Valois, n'avoient jamais cessé de donner » à leurs Souverains, des preuves de leur amour et de leur » fidélité; qu'il comptoit sur leur attachement, comme ils » pouvoient compter sur sa protection. Comment, a-t-il » dit dans un autre moment, oublierois-je jamais cette ville » de Calais? n'est-ce pas en mettant le pied sur ses rivages, » que j'ai versé les premières larmes de joie? » (*) (**)

Les Frères de la doctrine chrétienne lui ont été présenté, il leur a dit : « Faites de bons chrétiens, vous aurez fait de ons français. »

Le Roi, la Princesse et les Princes ont quitté Calais le 26, emportant les regrets et les bénédictions de tous les habitans de cette ville.

(*) Cédant aux instances des Calésiens, S. M. a daigné consentir à l'exécution d'un projet présenté par l'un d'eux, et qui consiste à placer au lieu précis où le Roi est descendu de son vaisseau, une plaque de bronze, où sera gravé l'empreinte d'un pied; vis-à-vis sera élevé un monument simple, avec une inscription qui rappellera que le 24 Avril 1814, LOUIS XVIII, après plus de vingt ans d'absence, est revenu dans ses états.

(**) Le Roi avoit été supplié par les Dunkerquois de débarquer dans leur port; il leur répondit : « J'aimerois à consentir à votre prière, vos » motifs me touchent, mais je suis affamé du désir de revoir mes enfans; » ne dois-je point prendre, pour arriver jusqu'à eux, le chemin le plus » court. »

Continuation du Voyage de S. M. LOUIS XVIII.

A son départ de Calais, S. M. prit la route de Boulogne, Montreuil, Abbeville, Amiens, Compiègne et Saint-Ouen, pour se rendre à Paris. Le jour de l'entrée de S. M. dans toutes ces villes, fut un jour de fête pour les habitans ; par-tout le Roi, son auguste compagne de voyage, et les Princes de sa Maison, furent reçus au bruit du canon, au son de toutes les cloches, et au milieu des applaudissemens les plus vifs et des cris de *vive le Roi! vive la Duchesse d'Angoulême! vivent les Bourbons!* mille fois répétés par une foule innombrable de personnes qui étoient accourus de toutes parts pour jouir du bonheur de voir leur Souverain. MM. les Préfets, les Sous-Préfets, ont adressés à S. M. des discours auxquels S. M. a répondu avec bonté. MM. les Maires lui ont présenté les clefs de leur ville; en un mot, chaque cité fit à l'envie, pour rendre à son Souverain les honneurs qui lui étoient dus.

A Boulogne, le Maire s'étant approché de la calèche du Roi, a eu l'honneur de lui adresser un discours, et de lui présenter les clefs de la ville. Les habitans ont dételé les chevaux de la voiture, et ont conduit le Monarque à la Cathédrale, où tout étoit préparé pour le *Te Deum.*

A Montreuil, les demoiselles de la ville, vêtues en blanc, ont été au-devant de la voiture de S. M. pour lui présenter des fleurs, ainsi qu'à Madame la Duchesse d'Angoulême. S. A. R. a accueilli les jeunes demoiselles avec une grace infinie, et a obtenu de S. M. qu'elle s'arrêtat une heure dans la ville. Les mariniers ont traîné la voiture du Roi.

A Abbeville, M. le Maire a eu l'honneur de présenter les clefs de la ville devant un arc de triomphe élevé près la porte Morendée. Un essaim de demoiselles a présenté des fleurs au Roi. Le peuple a dételé les chevaux de la voiture de S. M. et l'a conduite jusqu'à l'église de Saint - Vilfran, où le Clergé attendoit les illustres voyageurs.

A Amiens, la voiture de S. M. a été traînée jusqu'à la Cathédrale, à travers les rues tapissées, couverte de verdure, de feuillage, de fleurs et de lauriers. *Quelle belle journée,* s'écria le Roi en entrant dans la Cathédrale et en promenant ses regards attendris sur la multitude immense. De la Cathédrale, les illustres voyageurs se rendirent à la Préfecture, où ils reçurent les autorités civiles et militaires, le Clergé, etc. Pendant le dîné, de jeunes demoiselles firent entendre différens couplets analogues à la circonstance. Le soir, S. M. et Madame la Duchesse d'Angoulême, se sont promenés pour jouir des illuminations de la ville, qui toutes étoient brillantes et soignées. Le Roi a dit au général Kleist: *Nous voilà amis, conservons-nous à jamais en amitié et en paix.* Il a dit aux députés de l'Académie d'Amiens : *J'agrée vos sentimens, continuez à vous occuper des travaux qui dans mon exil ont été mes délassemens. Je veux,* a-t-il dit aux premiers Magistrats, *que ma Cour d'Amiens continue à faire exécuter les lois et à rendre la justice à mes sujets, c'est le premier besoin des peuples.*

M. De Savennes exprimant à S. M. les vœux des Maires de la province de la Picardie : le Roi lui répondit : *M. le Maire, dites à mes bons Picards de vos communes, combien je suis sensible aux sentimens que vous m'exprimez en leur nom, et qu'en tous temps leur bonheur sera l'objet constant de mes soins.*

A Compiègne, parvenu dans l'appartement qui lui étoit préparé, le Roi s'est assis au milieu de la foule. On lui a présenté les dames qui se trouvoient dans la ville ; il a adressé à chacune d'elles les paroles les plus obligeantes. La même présentation a eu lieu pour Madame la Duchesse d'Angoulême, qui ne cessoit de répéter en pleurant et en riant à-la-fois : *Que je suis heureuse d'être au milieu des bons français !* Le Roi un peu fatigué et prêt à se retirer, a dit à MM. les Maréchaux et Généraux. *Messieurs, je suis heureux de me trouver au milieu de vous ; j'espère que la France sera désormais assez heureuse pour n'avoir plus besoin de vos talens ; mais dans tous les cas,* a-t-il ajouté en se levant avec une gaîté noble, qui rappeloit le descendant d'Henri IV, *tout goutteux que je suis, je viendrois me mettre à votre tête ;* et il a traversé le grouppe de Maréchaux aux cris répétés de *vive le Roi !*

Le dîné a été servi à huit heures. La foule étoit si grande dans le salon, que l'on pouvoit à peine servir. Au milieu du dîné, le Roi a pris un verre de vin, et a dit à MM. les Maréchaux et Généraux : *Messieurs, buvons à l'armée.* Après le repas, S. M. voyant marcher avec difficulté le Maréchal Lefebvre, un peu tourmenté par la goutte, elle lui a dit: *Eh bien ! Maréchal, est-ce que vous êtes des nôtres?* elle a dit au

Maréchal Mortier, *M. le Maréchal, lorsque nous n'étions pas ami, vous avez eu pour la Reine, ma femme, des égards qu'elle ne m'a pas laissé ignorer, et je m'en souviens aujourd'hui.* S'adressant au général Marmont : *Vous avez été blessé en Espagne,* lui a-t-elle dit, *et vous avez pensé perdre un bras? Oui, Sire,* a répondu le Maréchal, *mais je l'ai retrouvé pour le service de Votre Majesté.* Les Maréchaux Macdonald, Ney, Moncey, Serrurier, Brune, le Prince de Neufchâtel, tous les Généraux, toutes les personnes présentes ont obtenu pareillement du Roi les paroles les plus affectueuses.

A Saint-Ouen, le Roi a admis à son audience, les Membres du Conseil d'état provisoire, les Commissaires aux départemens ministériels, les Maréchaux de France, les Généraux et les députations des différens corps de l'état, qui s'étoient empressés de venir offrir leurs hommages à S. M. MM. les Présidens du Sénat, du Corps législatif, de la Cour de Cassation et de la Cour royale, Son Excellence le Grand Maître de l'université, ont prononcé des discours qui tous exprimoient les sentimens dont ils étoient pénétrés pour le petit fils de Henri IV, et auxquels S. M. a répondu avec bonté et satisfaction.

S. M. LOUIS XVIII part de Saint - Ouen pour se rendre à Paris.

Le 3 de Mai, S. M. partit de Saint-Ouen, accompagnée des Membres du Conseil d'état provisoire, des Commissaires aux départemens généraux, des Maréchaux de France, des Généraux qui étoient allé lui rendre leurs hommages, et des personnes qui composent sa Maison. Un nombre immense d'habitans de Paris, des campagnes voisines et des départemens environnans, s'étoient réunis sur le passage de S. M. et préludoient au concert d'acclamations et d'hommages qu'elle alloit entendre s'élever de tous les points de sa capitale. Le cortège s'étoit formé dans l'ordre dicté par le cérémonial arrêté par M. le Grand Maître des Cérémonies.

Un détachement de la garde nationale à cheval, et un détachement de troupe de ligne à cheval ouvroient la marche. Suivoient deux voitures pour les Ministres provisoires. M. l'Archevêque de Reims, grand Aumonier de France, M. le Duc de Duras, premier Gentilhomme de la Chambre du Roi, M. le Comte de Blacas, grand Maître de la Gendarmerie du Roi, et le grand Maître des cérémonies de France, dans la même voiture.

La voiture du Roi, dans laquelle S. M. et Madame la Duchesse d'Angoulême, M. le Prince de Condé et M. le Duc de Bourbon, S. A. R. MONSIEUR à cheval à la portière de droite de la voiture du Roi, étoit accompagnée d'une partie des Maréchaux de France et Colonels-Généraux.

S. A. R. Monseigneur le Duc de Berry étoit également à la portière de gauche, accompagné d'une partie de MM. les Maréchaux de France et Colonels-Généraux.

M. le Duc de Grammont et M. le Duc d'Havré comme Capitaines des gardes de S. M. se tenoient également aux portières de la voiture du Roi.

M. le Ministre provisoire de la guerre et M. le Général en chef de la Garde Nationale, étoient dans le groupe de MM. les Maréchaux de France, à portée de S. A. R. MONSIEUR, et de S. A. R. Monseigneur le Duc de Berry.

M. le Maréchal Berthier marchoit en avant de la voiture du Roi, avec une partie de MM. les Officiers-Généraux.

M. le Maréchal Moncey, premier Inpecteur général de la Gendarmerie, marchoit derrière la voiture de S. M. avec une partie de MM. les Officiers-Généraux.

Suivoient une nombreuse file de voitures pour les dames de Madame la Duchesse, les Officiers de la Maison du Roi et des Princes; des détachemens de troupes de ligne, de gardes nationales et de gendarmerie, fermoient la marche.

Le Préfet de la Seine, à la tête du Corps Municipal et M. le Préfet de police, étoient placés à la barrière; les clefs étoient portées par le Doyen des Maires de Paris.

M. le Baron de Chabrol, Préfet de la Seine, prononça le discours suivant :

« SIRE,

« Le Corps Municipal de votre bonne ville de Paris,
» dépose aux pieds de Votre Majesté, les clefs de la capi-
» tale du Royaume de Saint Louis. Le Ciel dans sa clé-
» mence, nous rend enfin nos Rois, et accorde un prix aux
» vœux des Français. Il environne le trône de tout ce que
» la dignité, le malheur et la vertu eurent jamais de plus
» auguste, et le souvenir des maux passés vient s'y joindre

» encore, pour l'entourer plus étroitement de l'amour et de
» la vénération des peuples.

» La France sous l'antique bannière des lys, voit combler
» toutes ses esperances, et pour premier bienfait, la paix
» du monde signale le retour des BOURBONS. Sire, amour,
» respect, fidélité inviolable au sang de nos Rois, voilà le
» sentiment unanime des habitans de votre bonne ville.
» Repos, conciliation et bonheur, tel est le besoin et le vœu
» de leur cœur, que les discours paternels de V. M. ont
» déjà réalisés. Que n'attendent-ils pas d'un Prince re-
» nommé par sa haute sagesse, par sa tendresse inaltérable
» pour ses sujets, admiré par ses rares vertus et sa noble
» constance.

» L'image de Henri IV, dérobée si long-temps à nos re-
» gards, reparoît dans ce jour solennel; elle nous rappelle
» des temps d'orage, auxquels succédèrent bientôt ceux de
» la félicité publique. Son règne recommence aujourd'hui.
» La France entière, heureuse par sa confiance et son amour,
» tourne aussi ses regards sur ses Princes chéris, sur une
» Princesse auguste dont le nom réveille tant de sentimens
» et d'émotion, et s'écrie dans des transports de joie et
» d'attendrissement : *Vive le Roi! vivent les Bourbons!* »

Après ce discours, M. le Baron de Chabrol, présenta les
clefs de la ville à S. M. qui les reçut et dit avec une bonté
touchante : *Enfin me voici dans ma bonne ville de Paris;
j'éprouve une vive émotion du témoignage d'amour qu'elle
me donne en ce moment. Rien ne pouvoit être plus agréable
à mon cœur, que de voir relever la statue de celui de mes
nobles aïeux dont le souvenir m'est le plus cher. Je touche
ces clefs et je vous les remets ; elles ne peuvent être en
meilleures mains, ni confiées à des Magistrats plus dignes
de les garder.*

Le cortège s'est rendu à la Cathédrale, où le Roi a été
reçu avec le cérémonial d'usage. Le *Domine salvum fac
Regem* a été entonné et soutenu par l'immense réunion de
spectateurs qui remplissoient les bas-côtés, la nef, le chœur
et les tribunes de cette vaste Basilique. Le *Te Deum* a ensuite été chanté : on avoit choisi pour cette auguste cérémonie, celui de Neuckomm, qui a été exécuté par un corps
nombreux de musiciens.

Après la cérémonie religieuse, le cortège s'est remis en
marche, et s'est rendu au Palais des Tuileries.

Il seroit difficile de décrire l'effet de cette entrée du Roi dans sa capitale, l'immense affluence de spectateurs qui se pressoient sur son passage, celle qui garnissoit les fenêtres et tous les lieux élevés. Dans le cours de cette longue marche, Magistrats, Généraux, Officiers, Soldats, Citoyens, Officiers et soldats des troupes alliées, tous ont prouvé qu'ils n'avoient qu'un même sentiment, qu'ils ne formoient qu'un vœu, qu'ils ne se livroient qu'à une seule espérance, le bonheur du Roi par le bonheur des Français. L'élan de l'enthousiasme, l'acclamation unanime et sans cesse renouvelée de *vive le Roi! vivent les Bourbons!* se communiquoit alternativement des troupes aux habitans, et des habitans à nos braves soldats, auxquels Paris, dans cette grande journée, s'est plu à rendre un touchant hommage d'admiration et de reconnoissance, pour ses longs et glorieux travaux qu'une paix solide va enfin couronner. Ces troupes détachées des divers corps d'armée pour assister à la cérémonie, avoient été passées en revue par S. A. R. le Duc de Berry, en vertu des ordres de Monsieur, Lieutenant général du Royaume, et avoient manifesté aux yeux du Prince le plus vif enthousiasme pour son auguste Maison, pendant la marche du cortège.

Aux cris de *vive le Roi!* se joignoient sur le passage de ces corps, des acclamations qui les désignoient avec éloge, Officiers et Soldats répondoient encore avec plus d'énergie par les cris de *vive le Roi! vive la Garde nationale! vivent les habitans de Paris!* Jamais un sentiment plus naturel ne s'étoit si vivement manisfesté; jamais l'amour et le repos du Souverain, l'honneur du nom français et l'attachement à la patrie ne s'étoient confondus dans une expression si touchante et si unanime.

C'est sur-tout au moment où le cortège s'est approché du lieu où venoit d'être relevée la statue de Henri IV, que l'enthousiasme s'est porté à un dégré vraiment inexprimable. Le Conservatoire réuni au pied de la statue, faisoit entendre l'air national consacré à la mémoire et à l'éloge du bon Roi. Le peuple et les soldats le répétoient en chœur. La voiture de S. M. s'est arrêtée quelque temps à cette Place. S. M. a paru lire avec une vive émotion cette belle et simple inscription, mise sur le piédestal :

LUDOVICO REDUCE. HENRICUS REDIVIVUS.

(Le retour de LOUIS, fait renaître HENRI.)

Et celles des deux temples élevés près de la statue :
A la Concorde des Français. A la Paix des Nations.

Le Roi est arrivé aux Tuileries vers six heures. Une foule immense remplissoit le Carrousel, la Cour du Palais, le Jardin et les terrasses. Le Roi, Madame la Duchesse d'Angoulême et les Princes ont cédés aux vœux empressés dont ils entendoient les signes éclatans ; ils se sont montrés à plusieurs reprises aux balcons des grands appartemens, et ont répondu aux témoignages de l'allégresse publique, par ceux de la plus touchante bienveillance et de la plus profonde sensibilité.

A la nuit, la ville entière s'est trouvée illuminée : les édifices publics l'étoient très-richement, et les maisons particulières sans exception, même dans les quartiers les plus éloignés du centre : des inscriptions, des devises, des transparens, offroient de toutes parts l'expression ingénieuse des sentimens publics.

A neuf heures, un beau feu d'artifice a été tiré sur le Pont de Louis XVI ; et ce n'est qu'après avoir répondu aux acclamations qui la saluoient de nouveau, que S. M. est rentrée dans ses appartemens.

La journée avoit été d'une beauté parfaite : la nuit étoit calme, le temps pur et serein. Paris est demeuré long-temps comme une vaste promenade, livrée sans le moindre désordre à toutes les démonstrations de la satisfaction publique et de l'allégresse populaire.

État des Membres qui composent aujourd'hui l'auguste Famille des Bourbons.

Louis-Stanislas-Xavier, XVIII.e du nom, 69.e Roi de France et de Navarre, frère de Louis XVI, né le 17 Novembre 1755.

Charles-Philippe, MONSIEUR, frère du Roi, Lieutenant général du Royaume, né le 9 Octobre 1757.

Louis-Antoine, Duc d'Angoulême, fils de MONSIEUR, né le 6 Août 1775, marié à Mittaw, le 1.er Juillet 1799, à

Marie-Thérèse-Charlotte, MADAME, fille de Louis XVI, née le 19 Décembre 1778.

Charles-Ferdinand, Duc de Berry, né le 24 Janvier 1778.